DEUX MOTS AU PUBLIC.

PRÉTEXTE ET VÉRITÉ.

Par le citoyen COLFAVRU,

Représentant du peuple.

Prix : 25 centimes.

PARIS,

CHEZ P. LUCAS, LIBRAIRE,

RUE BOURBON-VILLENEUVE, 26.

—

1851

Au Lecteur,

Je demande pardon aux hommes sérieux d'arrêter quelques instants leur attention sur ces lignes toutes personnelles; j'estime avec eux qu'on doit nécessairement subordonner les questions de personne aux intérêts généraux et graves qui s'agitent aujourd'hui; aussi n'ai-je pas voulu faire acte de personnalité, j'aime peu le bruit, et je puis dire que j'ai constamment écarté de mon esprit la pensée de rien écrire, de rien dire, qu'on puisse interpréter contre le parti auquel j'appartiens. Ceci est une affaire d'arbitrage privé. Longtemps j'ai voulu mépriser en silence les déplorables attaques auxquelles j'ai été en butte; mais on m'a rendu l'abstention impossible; on m'a obligé, on m'a forcé a m'expliquer; à moi donc n'en sera point la responsabilité. Heureux, si j'ai réalisé pour mes amis politiques, en dédaignant d'avance la mauvaise foi, la duplicité perfide des organes qui, par habitude, évoqueront sans doute quelque scandale; heureux, dis-je, si j'ai réalisé cette intention scrupu-

leusement poursuivie : me défendre sans attaquer,
être ferme et impitoyable dans l'exercice de mon
droit, et ne respecter d'autres influences que celle
de la vérité. Ainsi seulement on peut se faire absou-
dre, en honorant l'opinion, de l'appel adressé à sa justice, quand, pour cette œuvre, il a fallu s'occuper d'une
individualité. Le droit, d'ailleurs, n'est-il pas dans
chacun avec la même énergie que dans tous? Je ne
reconnais et ne reconnaîtrai jamais d'autre maître.

Aussi m'excusera-t-on d'avoir révélé certains faits,
d'avoir écrit moi-même quelques notes biographiques
qui n'ont trouvé ici leur place que parce qu'elles
étaient une réponse irréfutable à toutes les fables in-
ventées par je ne sais quelles passions.

Je le répète, des collègues m'ont convié à une explication sur des bruits qu'ils ont recueillis avec une
facilité dont je laisse la responsabilité à leur intelligence et à leur cœur : ils ont provoqué ma parole, et
je dévoilerai mon passé, bien court et néanmoins
rempli. Puissent les démocrates en retenir ce bénéfice, d'aller aux sources avant d'accuser, et de préco-
niser par l'exemple la justice, qui ne vit pas de passions et de calculs égoïstes, mais de franchise et de
sincérité!

À ceux qui me diraient que, dans les conjonctures
présentes, il importe de ne pas faire naître au sein du
parti démocratique des divisions funestes; que cette

brochure peut avoir ce malheureux effet, et qu'il eût été prudent et généreux de garder le silence, même un silence douloureux et pénible, sur tout ce qui s'est accompli, je répondrai :

Je sais ce que, dans la solidarité politique qui unit, qui doit unir les républicains contre la monarchie et la contre-révolution, j'ai pour devoir de sacrifier, d'oublier ; je sais ce que je puis offrir d'abnégation, de réserve, de souffrance aux intérêts élevés que je sers.

Mais je sais aussi ne pas confondre avec ceux-là les intérêts de l'intrigue et de l'injustice. C'est pourquoi j'élèverai toujours bien haut la voix pour revendiquer la vérité, quelles que soient les conséquences de la revendication ; parce que la vérité doit seule guider et inspirer l'opinion, et que le parti qui n'est pas assez fort pour supporter ces saintes épreuves, est un parti mort, impuissant ; il n'a pas pour lui le droit.

Non, jamais je ne laisserai séduire par aucune considération ma volonté de défendre mon honneur et mon droit contre quiconque y portera atteinte, et mon principe suprême dans cet ordre d'idées, dans ces situations qui engendrent la légitime défense ; c'est le vieil et superbe aphorisme : *Fais ce que dois.*

J'ai bien sondé mes scrupules, mes susceptibilités personnelles en regard des convenances politiques. Désireux de détruire le mensonge, je n'ai pas voulu m'en référer à ce premier, à cet impénétrable arbitre, ma conscience. Il me fallait, homme public, laisser au for intérieur de l'opinion le soin d'examiner et de prononcer.

A travers tous les obstacles, elle l'a fait. Elle a procédé à une enquête, elle en a dégagé la vérité. Mes collègues de la réunion des 25, mis en demeure par moi, mis en demeure par ce haut intérêt de ne conserver dans leur sein que des éléments purs, irréprochables, ont fait, eux aussi, la lumière, et ce n'est qu'appuyé sur ce double témoignage que j'ai résolu cet écrit.

Tout ce que j'avance, des accusations et des accusateurs, est consigné dans un procès-verbal. Je discute, et n'incrimine pas. — A chacun donc suivant ses œuvres.

Je devais, avant d'aborder ce pénible et douloureux travail, bien expliquer la part que la justice doit faire à chacun, établir mes réserves contre les journaux et les hommes qui voudraient exploiter cet incident, et protester contre une responsabilité que je repousse de toute mon énergié.

Colfavru.

DEUX MOTS AU PUBLIC.

PRÉTEXTE ET VÉRITÉ.

Calomniez, il en reste toujours quelque chose.
BAZILE.

J'éprouve de la répugnance à écrire ces lignes: parler de soi est toujours difficile, mais j'obéis à un devoir; homme public, je ne puis panser en silence les blessures faites à mon caractère et à ma personnalité par de haineuses passions et d'obscures intrigues. Le mandat dont j'ai été investi, je dois le rendre au peuple aussi pur, aussi irréprochable qu'il le fut le jour où je le reçus du suffrage universel. Je romprai donc un silence dont j'ai souffert cruellement, et que j'ai observé jusqu'ici avec une courageuse patience, parce qu'il importait de laisser à la lâcheté et à la calomnie la liberté et la sécurité nécessaires à l'édification de leur œuvre ténébreuse, de leur conjuration insensée.

Aussi bien, les hommes qui ont été frappés de ce déchaînement subit d'attaques passionnées, d'insinuations perfides, d'imputations monstrueuses, se sont-ils étonnés de ne point entendre ma protestation énergique, et leur sollicitude inquiète invoquait une manifestation personnelle qui fixât l'opinion. — Le temps est venu pour moi de faire le jour dans cette situation violente et incomprise, je le ferai. —Je le ferai avec fermeté, et j'aurai le courage de tout dire, comme j'ai eu le courage de tout supporter.

Les ménagements, les réticences seraient coupables, j'en rougirais; je ne veux attaquer personne, c'est un métier qui ne va ni à mon caractère ni à mes goûts. Qu'on retienne bien cette réserve, ce que je fais est une œuvre de sincère explication : tout esprit de parti, toute pensée politique seront étrangers à ce travail; et si je touche à quelques noms, c'est que la situation qu'on a voulu m'imposer et l'intérêt de la vérité m'en ont fait une obligation devant laquelle je suis décidé à ne pas reculer. Les hommes qui ne sacrifient qu'à la vérité et qui n'ont, en dehors d'elle, ni faiblesse ni prévention, me sauront gré d'avoir écarté les voiles les plus légers, et me pardonneront de parler de moi, en se souvenant que presse de toute nuance, appréciations privées de toute nature se sont emparées de mon nom depuis plus de deux mois avec une ardeur dont chacun a le souvenir.—A moi donc à repondre, à moi à déchirer les masques et à compléter l'instruction de ce procès, auquel il faut un jugement de l'opinion.

Arrière le dégoût qu'homme de la vie privée j'eusse dédaigneusement opposé à ces audacieuses provocations! — Il parlera quelquefois, et mes lecteurs l'accueilleront comme l'expression bien naturelle de la protestation, du droit, de la sincérité.

Il y a plus qu'un déchaînement contre un représentant du peuple dans cet aveugle concours de toutes les colères, de toutes les imprécations : il y a, je ne crains pas de l'affirmer, et je trouverai de nombreux échos, il y a le symptôme d'une lutte politique qui commence ou plutôt qui continue, dont la tradition, pour moi, remonte aux jours qui ont précédé les événements de juin 1848. Comme alors, je dirai toute ma pensée, — comme alors je réduirai à néant les armes des impuissants et des jésuites de la démocratie, qui excellent à semer dans l'ombre la calomnie contre quiconque leur fait ombrage et à préparer pour un jour donné une explosion qui ne saurait blesser qu'eux-mêmes. — Menées de police et intrigues d'ambitieux avides ne prévaudront pas plus aujourd'hui qu'hier, parce que ce que j'étais hier, je le suis aujourd'hui, je le serai demain, et que nul, entendez-vous, puritains de contrebande, dont on découvrira un jour les vices rédhibitoires, nul ne peut faire plier ma tête, ni humilier ma conscience sous le poids d'une mauvaise action.

Cela dit, j'arrive aux faits :

Le 6 juin est le point de départ et la base des opérations stratégiques des *habiles* qui ont conduit la manœuvre. — Le 6 juin, l'Assemblée se réunissait à deux heures dans ses bureaux pour nommer une commission de 15 membres à l'effet d'examiner les propositions relatives à la révision de la constitution. Cette discussion devait être grave, sérieuse ; elle devait surtout avoir pour résultat de trancher vivement les partis et les nuances, de rompre avec ce déplorable esprit de coalition qui séduit et égare trop souvent l'opinion, et deux jours avaient été consacrés par avance à cette œuvre préparatoire de la grande et décisive manifestation de l'Assemblée.

Or, depuis 15 jours (je demande pardon de ces détails, ils sont nécessaires) je souffrais d'une névralgie cruelle qui me forçait à m'abstenir de tout travail et de toute agitation, et qui m'avait rarement permis d'aller à l'Assemblée. Malgré cela, je me disposais à prendre part à cette discussion ; je l'avais dit à mes amis, et mon opinion, je l'avais ainsi formulée : *République* ou *monarchie*. Toute discussion loyale ne pouvait sortir de ces termes ; et si ces principes ne se confondaient pas, les hommes ne pouvaient pas plus se confondre. Mais passons, le temps n'est pas venu d'apprécier la situation.

Le 6, donc, je suis malade, surpris, au moment où je voulais me rendre à mon poste, par un spasme nerveux très-violent, et contraint, retenu subitement chez moi; on avait décidé dès le début, au premier bureau, que la question serait vidée le même jour, et l'on étendit ainsi, à mon insu, cette discussion sur un lit de Procuste dressé par je ne sais quels calculs, quels intérêts : je manque donc le scrutin qui a lieu ce même jour au 1ᵉʳ bureau ! Combien j'eusse été plus heureux et moins ou pas du tout coupable, si j'avais fait partie du 15ᵐᵉ, par exemple, qui ne vota que le lendemain !

Deux légitimistes, M. de Montalembert d'une part, M. de Failly de l'autre, le premier favorable, le second contraire à la révision, sont soumis, après deux épreuves nulles, à un scrutin de ballottage, et M. de Montalembert l'emporte d'une voix sur M. de Failly qui, bénéficiant de *ma voix*, que *j'aurais* DU *lui donner*, de l'avis de M. Bareste, du *National,* du *Siècle,* de *l'Événement*, tous remparts fort avancés, comme on sait, de la vraie république, l'emportait, grâce à l'âge, sur son concurrent.

J'avais manqué à la coalition légitimiste–républicaine. La passion s'empara du fait, l'excitation poussa à l'excitation, et le soir *l'Événement* proclamait, dans ses nombreux exemplaires, ma *négligence coupable.*

J'avais, par mon absence, fait échouer un effet moral immense : ma voix, acquise à M. de Failly, disait-on, donnait à la *révision* le dessous, car on comptait déjà *six* commissaires antirévisionnistes, y compris M. *de Tocqueville,* QUI S'ÉTAIT PRO-NONCÉ POUR LA RÉVISION, quelque ambigu qu'ait été son langaga. Mais on n'y regardait pas alors de si près, et, la nomination de M. Baze ajournée au lendemain ne paraissant pas douteuse, il était *évident* que si le citoyen Colfavru n'avait pas commis une *négligence coupable*, les commissaires révisionnistes devaient être en minorité. Enfin, quoi qu'il en soit, M. de Tocqueville avait dit dans son bureau : *Je suis disposé à voter la révision* (*Presse* du 7 juin) ; et *l'Événement*, suivi le lendemain par *la République, le National, le Siècle*, de le compter parmi les adversaires de la révision. — Passons encore, nous reviendrons à ce sujet.

Le 6 au soir donc *l'Événement* publiait par tout Paris *ma négligence coupable*, et le lendemain tous les journaux que j'ai cités de répéter, échos fidèles, les amères appréciations du journal du soir. — J'écrivis pour expliquer mon absence ; *la Presse*, qui avait gardé le silence, inséra ma lettre ; *la République* également, en l'accompagnant de rigides commentaires ; *l'Événement* en la tronquant, *le National* et *le Siècle* en mentionnant avec une loyauté touchante que j'avais écrit que j'étais malade. — Ces messieurs me permettront-ils une observation ? J'admire sans doute leur style et leur talent d'écrivains, mais franchement, moi chétif, quand il s'agit de ma propre cause, ma prose me paraît préférable ; elle dit toute ma conscience et a cet avantage sur les *guillemets* du *National* !

Passons encore, j'aurai sur ma route à consigner de bien autres remarques.

Si la veille, le 7, j'étais perdu dans l'opinion pour ma *négligence coupable*, le 8, après avoir expliqué mon absence,

j'étais bien autrement perdu. Ma faute avait pris les pro-
portions d'un crime : j'étais devenu un traître! j'avais
trompé constamment l'opinion, et ma lettre elle-même était
un mensonge! — De bons amis, mes collègues, avaient pris
ce soin plus légèrement peut-être que méchamment, et de
par les renseignements dont ils étaient les éditeurs (moi seul
jusqu'ici en ai été réellement responsable), j'étais de connivence avec M. de Montalembert !

Il y avait longtemps que les eaux sales et troubles de la
calomnie et de l'injure montaient sourdement et comme
honteuses contre moi. — J'avais déjà ressenti leurs attein-
tes : elles attendaient des mains de quelque autorité pour
leur ouvrir les écluses, et elles se sont précipitées avec
une fureur que tout attisait et surexcitait encore. Alors de
grands, grands, mais infiniment grands citoyens (par l'âge
surtout) se prirent de sollicitude pour ma réputation et mon
honneur; ils allèrent, huit jours durant, nourrir des plus
stupides, des plus odieuses fables leur fervente attention, et
ils s'efforcèrent d'intéresser à leur pieux amour pour moi l'o-
pinion publique, qui ne savait pas, et qui crut savoir quand on
lui eut conté toutes ces infamies, sous la garantie de ce mot
perfide et lâche à l'usage des niais, des envieux qu'il gouverne,
et qui se résume par *on dit !*

Oh! qu'elle fut vite oubliée cette lettre qui avait pris feu
aux haines impatientes et qui menaçait d'anéantir tout
un homme, passé, présent, avenir! — Elle a allumé une
grande flamme, aux lueurs de laquelle sont venus, insou-

cieux de leur existence et de leur avenir, se révéler calomnies et calomniateurs! —Dois-je me plaindre et me souvenir?

Donc j'étais le plus odieux et le plus lâche des imposteurs, et l'on avait en main les preuves les plus écrasantes sous lesquelles homme puisse succomber. Ainsi, j'avais dès mon jeune âge été réchauffé dans le sein des jésuites, et pour eux je n'aurais pas été le serpent de la fable; — j'aurais grandi sous leurs yeux, formé mon esprit et mon cœur à l'école de leurs principes et de leur morale, et, sous leur patronage, débuté par la rédaction du *Journal de l'Évêché* à Grenoble! Là j'aurais ardemment lutté contre les tendances démocratiques; j'y aurais dénoncé, dans mon journal, quatre jeunes gens organisateurs, dans une église, d'une espiéglerie préméditée contre de jeunes filles; j'aurais, en 1847, soutenu avec violence une croisade contre les banquets réformistes, et attaqué avec fureur un toast porté dans un banquet par mon collègue Mathieu (de la Drôme).

Cette origine toute cléricale devait ne pas arrêter là ses conséquences.—Aussi, *le Père Duchêne* lui-même aurait-il été l'œuvre des jésuites (voyez pour renseignement le numéro 13 du *Père Duchêne*, 17 mai, second article, que le parquet ne permettrait pas de ce temps)!—le banquet du peuple, l'œuvre des jésuites! ma transportation sans jugement, sans doute aussi, n'est-ce pas, l'œuvre des jésuites?—Mais ce qu'il y a de certain, suivant le ton trouvé par M. Testelin, représentant du peuple, membre de mon bureau, le 6 juin dernier, à quelques paroles de M. de Montalembert, mon absence accidentelle et fatale dans

mon bureau, ce jour-là, était l'œuvre des jésuites ! Nous ver-
ronsp lus tard si ce monsieur a *chanté* juste, et ce que valent
ses appréciations pour d'autres qui ont entendu les mêmes
propos. Mais, quand on est en travail d'extermination, de
suppression d'un caractère, d'un homme, à quoi bon, n'est-
ce pas, les scrupules et les susceptibilités?

Chacun donc de s'agiter, chacun de prouver par les con-
ceptions les plus ravissantes de son imagination toutes mes
affiliations aux ennemis de la République, l'exactitude de
mes pratiques religieuses et catholiques, mes relations avec
les notabilités ultramontaines, etc. ! Enfin, il fallut tirer le
bénéfice de cette agitation, et le réaliser en *faisant justice* de
ma personnalité. Hélas ! je cherche encore les motifs de
cette grande colère, et, en songeant à mes fervents accusateurs,
je me répète chaque jour l'exclamation du poète :

Tant de fiel entre-t-il dans l'âme des dévots?

Or, voici ce qui arriva : c'est le commencement de la procédure. On avait mis huit jours à forger mes crimes; il était
temps de battre le fer quand il était chaud, et l'on se mit à
l'œuvre.—Le citoyen Joly père, mon collègue, président du cercle auquel j'avais été présenté, et dont tout récemment j'avais
été nommé secrétaire, procéda, de compagnie, à la rédaction
d'un procès-verbal avec une incurie et une passion qui ne trou-
vèrent pas un accord universel parmi les membres du bureau.
Mais le citoyen Joly était tellement désireux que son jeune
collègue de Saône-et-Loire, issu à son grand plaisir du scru-

tin du 28 avril 1850, se blanchît de toutes les imputations par lui pourtant colportées et accréditées, qu'il prononça le réquisitoire, et proclamant, suivant le témoignage de son amie, la voix publique, que ma lettre était mensongère, me fit sommer de me présenter devant la commission présidée par le citoyen Ducoux, aussi mon collègue, sous l'administration préfectorale duquel, après juin 1848, j'avais été arrêté, lié de cordes et transporté. Plein de confiance en cette magistrature, si austère sur l'origine de ses préventions, je demandai à ne me présenter que devant l'assemblée générale du cercle. — Je reçus satisfaction. — Là on disait, on pensait (certains esprits bien chauffés du moins) que j'étais indigne, qu'avec des précédents semblables à ceux qu'on m'avait délivrés depuis huit jours, je devais disparaître, et l'intrigue se nouait de plus belle ! Toutefois on ne voulait pas s'occuper de tout cela ! on le répétait, on le répandait, mais on *supposait* ; n'est-ce pas, citoyen Joly, que cela n'était pas ? — On ne voulait savoir qu'une chose : étais-je malade, oui ou non ? — Pendant deux heures chacun se mit à proposer ses formes de procédure ; certains leurs formules d'outrages et d'insultes, le citoyen Joly étant président ; et moi d'examiner stoïquement et plein de dédain cette explosion de colères et de haines, en en cherchant non plus le prétexte, mais la cause. Ce tribunal s'était tué. Je l'acceptais cependant sur toutes les infamies dont j'avais été l'objet, mais sur tout ou sur rien. — Alors résistance énergique. — Enfin, l'ivresse de la fureur ayant troublé bien des têtes, je demandai et j'obtins, dans l'intérêt même des consciences non libres de ces personnalités aveuglées, de déférer à un jury d'honneur composé parmi les associations ouvrières la connaissance de tous les faits, de toutes les imputations, de toutes les drôleries, nés de cet accident si fécond de mon absence du 6 juin.

Devant les appréhensions légitimes des tracasseries de la police, les citoyens des associations, auxquels des ouvertures furent faites à cet égard, s'excusèrent avec regret, et ce furent simplement des ouvriers démocrates du faubourg Saint-Antoine, qui, profondément émus de ces saturnales d'accusations plus odieuses les unes que les autres, se constituèrent spontanément, nommèrent une commission d'enquête, et procédèrent à un examen sérieux et réfléchi des allégations produites contre moi avec une si impitoyable assurance.

J'avais peu souci du prétexte qui avait servi tant de mesquines et fiévreuses passions; mais ce qu'il importait de détruire solennellement, c'étaient ces calomnies ridicules, dont les Baziles savent si bien l'effet, à l'aide desquelles on tue les hommes qu'on ne peut, qu'on n'ose pas loyalement attaquer en face.

Ici, je dois mentionner l'effet produit, comme premier succès, dans les journaux de la réaction. — Ils s'emparèrent de cette œuvre burlesque, et par de perfides insinuations, par de jésuitiques avances, firent appel aux mauvaises impressions. — Les échos de la province furent éveillés, et la presse royaliste de Lyon, de la Meuse, de l'Ain, de Saône-et-Loire, entre autres, de répéter avec bonheur ces habiles attaques, ces caresses félines, qu'on ne subit qu'au prix du sang.

Enfin, tous les griefs dont la haine active de certaines coteries égoïstes et impuissantes avait répandu la nouvelle et préconisé l'irréfragable certitude, l'immaculée candeur, furent évoqués par la commission d'enquête formée au sein des travailleurs, recherchés par eux aux sources indiquées, interrogés dans le témoignage de ceux qui s'en étaient faits les propagateurs légers ou consciencieux. Des représentants du peuple, appartenant à certaines nuances de la gauche, vinrent rappeler les plates et ridicules calomnies que j'ai plus haut énumérées. C'était sot et bête, plus peut-être qu'odieux et infâme. Alors quelques-uns de ceux qui avaient tenu ces propos et auxquels on en faisait remonter la complicité ou l'origine, de refuser de se rendre à toute explication, de se retrancher dans un système de négation ou de réserve, tels que les citoyens Joly et Ducoux (je cite ici le procès-verbal de l'enquête), ou bien de repousser loin d'eux ce qu'ils avaient accrédité, d'expliquer leur haine contre moi par certaines impressions qui m'étaient peu favorables.

Aussi laissèrent-ils au citoyen Brives, moins scrupuleux sur la portée spirituelle et loyale de ce rôle, le soin de transmettre à l'assemblée tout entière, le 27 juin dernier, ces *vérités écrasantes*, si habilement vulgarisées sur mon enfance, sur ma jeunesse, mes premiers pas dans le monde, mes premiers actes dans la vie politique. Du reste, M. Brives a droit ici à l'hommage de ma gratitude : c'était entraîné par ses sympathies pour moi qu'il se faisait le délateur des calomnies haineuses d'autrui , le sacrificateur de tant de rancunes , tout comme les fils d'Ignace, qui torturaient sur les bûchers les infidèles, *ad majorem Dei gloriam,* pour la plus grande gloire de Dieu !

Il y a des gens officieux qui ne se doutent pas des sottises qu'on peut ainsi leur faire accomplir : c'est la seule appréciation que, par bienveillance, je puisse faire de cet honnête procédé de mon collègue ! Je lui pardonne.

M. Testelin a inventé quelque chose dans cette affaire ! c'est le *ton, l'air* de diction de M. de Montalembert , constatant à haute voix mon absence, quand on votait pour la nomination d'un commissaire dans le 1er bureau. Un autre que ce monsieur a entendu le même propos, le citoyen Cholat, représentant du peuple, et a nié énergiquement et avec quelque indignation le petit détail de fantaisie organisé par M. Testelin.

C'est sur ce mot, pourtant d'un collègue, que s'est bâtie cette affirmation de ma trahison, de ma connivence, non-seulement avec M. de Montalembert, mais avec le parti clérical tout entier ! — Ce que c'est pourtant que de savoir vocaliser et apprécier les nuances ! Cela révèle une énergie de création : Omer Talon disait : Donnez-moi une ligne de l'écriture d'un homme, et je le ferai pendre; M. Testelin peut davantage : donnez-moi une phrase articulée, vocalisée; en l'appréciant, en la traduisant moi-même , j'en ferai sortir la trahison, le déshonneur, etc.

Que M. Testelin s'enquière auprès du citoyen Cholat, son collègue dans le même bureau; il apprendra de lui à être moins léger, et à ne pas sacrifier avec tant d'empressement les paroles à la musique, et à l'air la chanson.

Qu'ont dit les autres représentants? qu'ont dit les autres citoyens désignés et invités à produire leurs accusations? MM. Saint-Romme, Joly, Ducoux, se sont abstenus, pour ne pas avoir la douleur, sans doute, de reconnaître par eux-mêmes que leur jeune collègue n'était pas un misérable, ou, ce qui est la même chose, qu'ils étaient d'impardonnables..... Qu'ils achèvent.

Quant à M. Brives, il avait désigné, pour appuyer ses renseignements, les citoyens Farconnet, Doutre, Benoît (du Rhône) et Dain, tous représentants du peuple; ceux-ci ont jugé à propos, et pour de bons motifs, de s'abstenir, donnant ainsi une valeur nouvelle à la chevaleresque austérité de M. Brives.

Puis, le jour venu, 10 juillet, où mes explications devaient être reçues, en présence de tous ceux qui m'avaient accusé, de MM. Brives, Testelin, Saint-Romme, Ducoux, Joly, etc., tous convoqués spécialement pour cette séance où la contradiction devait dégager la vérité, si ces messieurs eussent eu la moindre preuve, je dis plus, la moindre vraisemblance à l'appui de leurs allégations; ce jour venu, aucun ne répond à l'appel; nul n'ose venir me dire en face les stupides et monstrueux cancans dont sa naïveté ou ses calculs avaient accepté le bénéfice et la responsabilité.

Craigniez-vous donc de connaître le résultat de cette scru-

puleuse et laborieuse enquête, faite par des hommes dont
plusieurs étaient prévenus contre moi, qui, se dérangeant de
leurs ateliers, se sont présentés chez ceux qui ne répondaient
pas aux invitations; qui ont visité MM. Joly, Ducoux, sans ob-
tenir, en fin de compte, de ce dernier, autre chose que ceci : le
citoyen Colfavru a une figure qui ne me convient pas; comme
si c'était ma faute de n'avoir pas, comme ce monsieur, reçu
avec prodigalité toutes les faveurs physiques, toutes les prédi-
lections intellectuelles et morales de la nature ! Eh bien ! ce
résultat, le voici; je cite la déclaration par laquelle on a ré-
pondu à ce monceau ignoble de sales calomnies, c'est ma
réponse personnelle à toutes les accusations si laborieusement
édifiées, et si misérablement avortées :

« La commission d'enquête, nommée dans la réunion du
27 juin dernier;

« Vu tous les renseignements consignés au procès-verbal;
après avoir entendu les explications fournies par le citoyen
Colfavru;

« A déclaré regarder comme nulles et non avenues toutes
les allégations produites contre lui, et invite en conséquence
tous les démocrates à faire bonne justice de tous ces bruits
mensongers, en attestant hautement, en toute occasion, qu'il
a toujours été digne de notre estime et de notre confiance,
étant pour nous manifestement établi qu'il ne s'est rendu coupable d'aucune négligence et que sa lettre du 8 juin dernier
est l'expression de la vérité.

« Fait en séance publique, le 10 juillet 1851. Signé :

« LAUNETTE, ébéniste, 95, faubourg Saint-Antoine.

« CHARBONNIER, commis libraire, 8, rue de Charonne.

« MINOR LECONTE, marchand de couleurs, 1, faubourg Saint-Antoine.

« PHILIPPE, fabricant d'outils, 44, rue de Lappe.

« PERRIN, graveur, 44, rue Moreau.

« Suivent 27 signatures consignées au procès-verbal. »

Mon cœur déborde de dégoût en présence de tant de lâcheté, car pour moi tout calomniateur est un misérable et un lâche ; et, comme je le disais hautement en séance publique le 10 juillet dernier, en froissant un homme pour la modération et l'esprit de justice duquel j'avais certaine estime, l'auteur d'une calomnie ne se découvre jamais : n'a-t-il pas toujours pour rempart ces *on m'a dit*, nom générique et invariable qu'on retrouve toujours dans son origine au mensonge ? Or, tout homme dont la conscience ne s'arrête pas devant l'examen sérieux de bruits préjudiciables à l'honneur, à la considération de l'un de ses semblables, mais qui, bien au contraire, s'en fait le propagateur complaisant et facile, cet homme, pour moi, est l'éditeur responsable de cet assassinat odieux, la calomnie ; et lors même qu'il trouverait l'auteur principal, il n'en serait pas moins le complice coupable, et l'homme que l'honnêteté publique doit condamner et flétrir.

A vous donc, organisateurs de ces odieux mensonges que vous n'avez pas craint de révéler et de divulguer à l'opinion, à vous mon mépris, mais non ma haine. Le calomniateur, c'est l'homme qui écrit une lettre anonyme; qui s'embusque, la dague au poing, dans l'ombre d'un massif; qui, sous l'apparence d'une loyale hospitalité, prépare au poison sa victime. Voilà le calomniateur, voilà son complice : quel homme de cœur pourrait les haïr? Ce qui est immonde n'inspire qu'aversion et dégoût, je n'invoque pas d'autres représailles!

Que mes amis le sachent, dans ces épreuves douloureuses où la raison accuse la fatalité des circonstances presque autant que l'injustice des intrigants, je n'ai jamais eu de défaillance; j'ai appris plus encore combien il fallait élever au-dessus des hommes et des partis le culte des principes, des idées, des convictions; je me suis attaché à asseoir loyalement ma position, ne recherchant d'autre satisfaction intime que le respect de moi-même et la sauvegarde de ma fierté. C'était à moi de révéler aux hommes qui m'avaient envoyé à l'Assemblée, pour y représenter leur pensée révolutionnaire, pour y protester contre toutes les intrigues, contre toutes les réactions, quels que soient leurs masques et leurs couleurs, c'était à moi de leur révéler les impostures qui m'assaillaient, d'y répondre par la sincérité de mes actes, par l'exposé de mes antécédents; et je l'ai fait en réservant dans toute sa plénitude leur droit absolu sur le mandat qu'ils m'avaient confié.

J'ai dû mettre à leur aise, également, mes collègues de la

réunion des vingt-cinq; je leur envoyai ma démission. Ils comprirent la gravité réfléchie de cet acte; une commission fit une enquête sévère sur toutes les infâmes imputations dirigées contre moi, et le résultat de cette enquête fut de signaler de nouveau le néant de ces accusations et le caractère calomnieux de tous ces bruits. Ma démission me fut rendue avec le témoignage de l'estime et de la sympathie de mes collègues. Le citoyen Baune, notre président, me communiqua la décision dans les termes les plus fraternels, m'engageant, sous le souvenir de ce qui avait servi de prétexte à cette misérable intrigue, à une rigoureuse exactitude, à une extrême susceptibilité.

Hélas! les meneurs de cette petite guerre se sont bien mépris sur mon caractère! Ils ont pensé que je n'étais point assez fort pour avouer une faute; que je n'étais point assez convaincu de la justice et de la sagesse de l'opinion, pour lui confesser franchement des négligences, s'il m'arrivait d'en commettre. Souvent, dans ce temps de lutte et de passion, les hommes convaincus ne peuvent mettre au service de leurs idées, de leurs principes, que leurs bonnes intentions; et ce n'est jamais avec la brutalité des faits, avec l'aveugle fatalité des circonstances, que la conscience publique décrète ses arrêts sur les élus de sa confiance. Deux fois il m'est arrivé de ne pas avoir assisté à un scrutin de ballottage, mais nul ne peut alléguer mon absence aux réunions importantes des bureaux, avant le 6 juin dernier. Et pourtant, j'ai toujours été convaincu de l'inutilité de ces réunions où les républicains, en minorité presque constante, ne peuvent rien que par des coalitions toujours détestables. Eh quoi (pour ne prendre que la séance du 6 juin dans le premier bureau)! les républicains sont en nombre : ils sont quinze ou seize; les légitimistes antirévisionnistes apportent un appoint de quatre à cinq voix, et vite les républicains d'abandonner leur candidat et de choisir M. de Failly, réactionnaire, quoi qu'en dise M. Testelin, qui le présentait aux ouvriers du faubourg Saint-Antoine comme un républicain! Tout le monde a été d'accord que M. Testelin n'avait pas de larges exigences! Il choisira mieux désormais ses pupilles.

Je dois ici faire quelques observations. Un fait malheureux, que j'ai déploré avec chagrin dans ses résultats, mon absence; un fait a servi de prétexte à tout ce que la malveillance a inventé d'odieux sur mon compte.

Si ce fait a appartenu à mes détracteurs, il m'appartient à moi, aussi, et mon droit incontestable est de le saisir, de le discuter.

Ce n'est point une défense.—Pourquoi me défendrais-je?—Je l'ai dit, je ne relève que de la fatalité dont j'ai été victime; j'ai des regrets, je n'ai pas de reproches à me faire; — mais je veux examiner et j'examine. — Il en ressortira un enseignement utile, et la loyauté publique en profitera.

A l'époque de la nomination de la commission pour la révision de la Constitution, un enthousiasme éclata dans la presse démocratique, moins *la Presse*, qui comprit le caractère sérieux de la situation.

Chaque organe d'acclamer l'*immense* succès de cette journée, et de pousser à cet effet moral, qu'on m'a bien reproché d'avoir fait avorter, une majorité antirévisionniste.

Qui donc, parmi les hommes sérieux, a pu un instant se méprendre sur la portée vraie de cet acte préparatoire qui ne pouvait avoir aucun résultat digne d'attention pour quiconque a connaissance du rapport des partis dans l'Assemblée, et de l'impuissance qui résulte de cette situation?

Pourquoi donc évoquer, à mon propos, ces actes de civisme, ces linceuls non fermés encore, et qui venaient à la Convention, protester, sous le bras de la mort, pour la République et la liberté?

Ne faites pas rougir notre pauvre époque en lui rappelant ces temps héroïques.

Mais surtout n'oubliez pas que les comparaisons n'ont de valeur qu'autant qu'elles sont justes; or, ici nous préludions à un acte décisif par un acte préparatoire, dont l'événement a démontré la chimérique prétention.

Oui, si j'eusse manqué à ce scrutin suprême de juillet, où 278 bulletins ont affirmé la République contre 446 bulletins réactionnaires, j'avais à remplir un devoir que j'aurais eu le courage de remplir, je n'aurais pas composé avec l'indulgence des circonstances.

Mais rien de semblable dans la situation. — Je m'empare à mon tour de ce fait du vote définitif, et je cherche les éléments sur lesquels on bâtissait sérieusement une majorité factice et mensongère pour la composition de la Commission:
— 278 VOIX CONTRE, 446 POUR LA RÉVISION.

Je le dis franchement, et ce n'est pas la première fois, j'ai fait, autant qu'il a été en moi, de l'exactitude dans ces réunions de bureaux, mais jamais je ne me suis fait illusion.

J'ai peu de goût pour les concessions, et j'aime mieux être vaincu avec mes amis, que de devoir à une transaction avec mes ennemis des triomphes qui ne servent que de petits calculs.

Respectons l'opinion : que tout dans nos actes soit carré et de bon aloi; le peuple n'attend de nous que ce courage, dans le parlement, parce qu'il veut qu'on n'égare pas ses croyances dans les compositions de scrutin.

Il est temps de ne plus tromper le peuple et de rompre avec les habiletés parlementaires qui ne vont pas aux mœurs franches et sincères de la démocratie. Pense-t-on, de bonne foi, que je croirai la République abritée et sauvée parce que, suivant un calcul connu, légitimistes et orléanistes s'opposeront à la révision et refuseront à M. Bonaparte la prolongation de ses pouvoirs?

Avons-nous besoin d'avoir recours à des alliances monstrueuses, de mettre sur nos bulletins des noms que nous retrouvons au *Moniteur* composant toutes les majorités liberticides?

Est-il besoin d'avoir recours à ces hommes pour savoir que nous serons au moins 188 opposés à la révision, et que nous sommes la majorité constitutionnelle qu'on ne saurait toucher sans péril ?

Mais laissons là cet ordre d'idées. — Mes actes politiques sont ce qu'ils sont : je n'en regrette aucun, je les revendique tous et je les offre aux sycophantes comme première réponse à leurs injures.

Les journaux que l'on accepte généralement comme les organes de l'opinion républicaine ont secondé avec bonheur cette petite intrigue si bien menée depuis mon élection dans Saône-et-Loire. Jamais homme ne fut attaqué avec un plus touchant ensemble sur toute la ligne, *la Presse* exceptée. — Cette bonne *République*, surtout, a répété son thème à satiété. Seulement elle me permettra deux petites indiscrétions. D'abord, pourquoi, elle qui accuse, dans le numéro du 7 juin, l'absence dans leurs bureaux de plusieurs membres de la gauche, me fait-elle à moi *seulement* les honneurs de la désignation nominale? J'en ai eu presque de l'orgueil! En second lieu, pourquoi *la République*, qui savait très-bien que M. de Tocqueville était favorable à la révision, car elle a dû lire son discours, a-t-elle insisté plusieurs fois, en maintenant l'avis contraire, sur le grand malheur de mon absence le 6 juin, et sur la défaite, aux conséquences si désastreuses, de M. de Failly. Je ne trouve pas cela fort ordinaire, mais M. Bareste a déclaré qu'il disait la vérité à ses amis, et cela doit suffire! Or, cette erreur, calculée ou non, peu importe, a puissamment servi les projets de mes *amis*, car ils ont pu d'autant plus s'indigner et invoquer contre moi les malédictions publiques, que *le National, l'Événement, le Siècle, la*

République affirmaient davantage que M. de Tocqueville était, malgré sa parole, hostile à la révision.—Il n'y a pires sourds que ceux qui ne veulent pas entendre.

Indè iræ, et les lettres anonymes qui m'ont poursuivi.

A vous l'honneur de ce succès, mes chers confrères : si notre journal eût vécu, si *le Peuple* n'eût pas succombé sur un champ de bataille qui ne sera jamais le vôtre, vous n'eussiez pas longtemps été dupes de cette..... erreur, et en vingt lignes je confondais les misérables qui ont, vous aidant à votre insu sans doute, ourdi cette petite machination contre moi..... et contre d'autres.

Il y a longtemps que je le répète : non, la presse du peuple n'est pas; — elle sera, quand le prolétaire aura reconnu qu'il n'a rien à gagner et par conséquent rien à voir dans ces polémiques personnelles qui légitiment la défense et perpétuent sans profit la division. Qu'on lui parle exclusivement travail, crédit, instruction, bien-être, et qu'on ne lui dise plus, par exemple, pour servir je ne sais quel intérêt, que le *citoyen* Failly, car c'est ainsi que *la République* le qualifie, est un républicain, à moins qu'on n'appelle ainsi ceux dont les noms entourent habituellement au *Moniteur* celui de M. de Falloux, ceux qui, comme M. de Failly, ont voté l'état de siége le 13 juin, la loi sur les clubs, la loi sur l'enseignement, etc.; et qui, à quelques nuances près, ont été les fidèles de cette politique qui a rallumé en France la torche de l'intolérance, du fanatisme de Loyola, et consommé la ruine de la République romaine.

Sérieusement les républicains peuvent trouver mieux que cela dans l'ordre de leurs principes.

Ai-je le droit de me plaindre maintenant des insinuations perfides des organes de la réaction ? Eux qui n'avaient pour moi que sarcasmes et insulte, les avez-vous vus me caresser, me reconnaître de l'intelligence, me placer au cœur des regrets, et dans l'âme des aspirations vers le camp des honnêtes ? Cela était naturel, et rien de plus simple que cette tactique.

Le *Moniteur du soir*, dans un article signé P. Christian, du 19 juin dernier, commença cette campagne d'hypocrisie et de perfidie, et, sur les ailes des correspondances royalistes, ces attaques allèrent se multiplier dans la presse des départements !

Savez-vous alors la manœuvre ? Chacun de ceux qui avaient poussé à ces déplorables effets, de se récrier, et de puiser les preuves de ma trahison dans les feuilles royalistes, qui, à leur exemple, et sous leur inspiration, essayaient, en me tuant, d'achever leur œuvre..... Comment ne pas songer involontairement à l'Auberge des Adrets ? Mes amis forcèrent alors mon obstination à ne pas répondre, à n'opposer que le dédain du silence à d'aussi absurdes, à d'aussi ridicules provocations, et je me décidai à envoyer à *la Presse*, à *l'Événement*, à *la République*, au *National*, une réponse à l'article du *Moniteur* du soir. M. *Lemulier*, l'élyséen, a été plus heureux que moi chez M. de Girardin ; on a, toujours au nom *de la liberté* et de la vérité, inséré l'épître de ce dernier : moi, je n'ai rien obtenu ; et j'avais affranchi , et j'offrais le prix de l'insertion, et j'eusse fait les corrections qu'on eût jugées nécessaires pour conjurer les périls auxquels on pouvait croire !

Quoi qu'il en soit, le *Courrier de Lyon,* qui avait reproduit les attaques, inséra ma réponse. Que disais-je ? je rappelais à M. P. Christian, qui mangeait au journal de l'Élysée, et qui se permettait d'y vanter *ses courageux* exemples, je ne dirai pas d'apostasie, car il y a des gens qui ne peuvent pas changer, mais d'évolutions ; je lui rappelais que du 12 avril au 24 juillet 1849, pendant un voyage entre les gendarmes de Belle-Isle à Paris, je partageai avec lui mes ressources, et qu'à Sainte-Pélagie, j'ouvrais ma bourse à tous ses besoins. Cela ne valait ni la biographie nauséabonde que certaine plume m'a faite dans les *rouges peints par eux-mêmes,* ni les invectives odieuses du *Moniteur du soir.* Que M. P. Christian, l'ancien président du club des jacobins, se le dise : je ne regrette rien dans mon passé, et jamais je n'ai eu plus de raison qu'aujourd'hui de revendiquer l'œuvre sérieuse et patriotique du *Père Duchêne* de 1848. Hommes, choses, situations, se ressemblent singulièrement. Il y a quelques intrigants, quelques apostats, quelques mouchards de plus : le peuple, heureusement, voit plus clair ! Je le ferais encore, ce pamphlet sévère, si j'avais à signaler les fourbes et les masques qui se sont depuis révélés, et l'expiation de cette entreprise courageuse, que je subis aujourd'hui, est la preuve que j'avais raison.

Je constate donc l'hostilité négative de la presse qui me devait son concours, s'il y avait là autre chose que de pauvres et exclusives églises dont les religions ne sont pas la mienne, et auxquelles j'ai bien quelque plaisir à n'avoir pas d'obligation.

Maintenant, j'arrive à la solution de cette intrigue; elle a été écrite en toutes lettres, et je connais les Égéries de l'éditeur. — Je serai bref; je ne touche qu'un homme, qu'un fait : la politique n'a rien à voir à ce débat : c'est une morsure vulgaire, qu'il faut vulgairement traiter; seulement, l'enfant terrible aura sur les doigts, parce qu'il y a telles imprudences qu'il en coûte d'accomplir.

Le 14 juin 1851, *la Voix du Proscrit*, dans un article signé Dupont, signale, en termes injurieux que je ne reproduis pas, mon absence du 6 juin; puis elle s'exprime ainsi : *M. Colfavru qui a été nommé,* ON NE SAIT POURQUOI..... *sur la foi de recommandations venues de Paris, a tué sa future candidature..... Les braves électeurs de Saône-et-Loire regretteront leur confiance perdue, et les patriotes de la Meuse, auprès desquels M. Colfavru cherche à se ménager, se garderont bien de donner leurs voix à ce député réfractaire, si facile à oublier sa mission.*

— Allonc donc ! voilà au moins qui est franc, brutal même de franchise; et cela me met assez en belle humeur, pour pardonner à monsieur Dupont, qui a quelque peu l'habitude, dans un bon motif sans doute, d'insulter les républicains, tout comme *le Corsaire*, pour lui pardonner, dis-je, ce que lui, homme bien connu, très-connu, très-illustre, a trouvé sous sa main de boue à me jeter. Voyez ma patience, j'ai laissé sécher jusqu'au 10 juillet, et un soir, au faubourg Saint-Antoine, j'ai secoué du doigt la boue devenue poussière, et je n'y ai plus songé.

Dites-moi donc, monsieur Dupont, qui donc vous a inspiré tant de sollicitude pour la future candidature de M. Colfavru, cet *inconnu de la veille?* — Je gage qu'il connaît un peu Saône-et-Loire, votre pourvoyeur de renseignements, et qu'il est assez versé dans la Meuse! — Sérieusement, je n'ai jamais voyagé, et j'ai peu le goût des voyages pour semer ma candidature, voire même celles de certains que vous connaissez!

Il paraîtrait que je pourrais, en m'en occupant, tourmenter bien des convoitises; et comme j'ai le cœur bon, et le caractère peu hypocondriaque, je serais au désespoir d'exciter les ardeurs et les inquiétudes de qui que ce soit.

J'ai été choisi dans Saône-et-Loire, au grand déplaisir de pas mal d'individus, parce qu'on avait eu le mauvais goût de porter à Paris la compression sauvage de juin 48 en la personne de M. Leclerc; on jugea à propos alors de protester dans Saône-et-Loire contre la transportation sans jugement, et mon nom a été pris, sans être fort bien épelé d'abord, tout comme on en eût adopté tout autre, répondant au sentiment politique qui dominait l'esprit des électeurs. — Voilà tout le secret de cette élection; j'ai fait mes efforts depuis ce jour, qui peut bien suffire à l'ambition d'un homme de cœur, j'ai fait mes efforts pour répondre à la généreuse confiance des socialistes qui m'ont investi de mon mandat; et j'attends, entendez-vous, monsieur Dupont, qu'en dehors d'un cas de force majeure, d'une insignifiance absolue pour tout homme qui ne chasse pas de sa conscience la bonne foi pour y appeler la passion et la colère, j'attends que vous me citiez un acte politique qui justifie cette fantaisie de langage : *député réfractaire.*

On en sait plus long que vous sur ce chapitre dans Saône-et-Loire, croyez-moi, et là on réfléchit avant de parler; on ne s'emporte pas avant d'avoir pensé. Là, on saura que vous avez été inspiré par un pauvre sentiment, quand on apprendra de vous cette nouvelle : que j'ai été nommé *sur la foi de recommandations venues de Paris.* Votre imagination aveugle, votre bonne foi, monsieur, et c'est avec de telles armes que vous prétendez faire le procès à la loyauté d'un autre!

Voyons, dites donc, la main sur le cœur, la vérité *vraie;* dites avec l'homme qui vous a pourvu de la colère, du fiel, de la rancune où vous avez trempé votre plume, dites avec cet homme qui, comme tant d'autres, n'a pas eu la pudeur de me prévenir en face, de m'accuser au grand jour, de m'écouter, de se convaincre, mais qui a préféré prendre votre nom et cacher sous votre responsabilité ses indignes manœuvres; dites avec lui que mon élection vous a blessé, parce qu'elle a renversé certains calculs préétablis, dont se sont fort peu souciés les électeurs indépendants de

Saône-et-Loire. Voilà la vérité, voyez-vous ? vérité qui n'eût pas été peut-être pour pour moi si hostile, si j'avais été quelque peu courtisan vis-à-vis certain personnage qui n'a pas compris la fierté de ma réserve, et l'hommage qu'il y avait pour lui dans cette délicatesse, apparemment trop exquise ! Je n'aime pas flatter, parce que j'aime mieux honorer qu'humilier ; je sais que ce n'est pas le goût de tout le monde et que cela fait crier certaines vanités. Qu'y faire ? Les laisser crier, comme j'ai fait, voire même les laisser mordre !

Il y a des gens qui font leur devoir sans autre obstacle que la volonté de le faire, et que nul ne songe à suspecter d'une intention autre que celle d'obéir à leur conscience. Hélas ! je ne suis pas de ce nombre pour M. Dupont et son inspirateur. Voyez, en effet : un de nos collègues reçoit de la Meuse une lettre dans laquelle on lui demande, pour plaider à Bar-le-Duc une cause politique, un représentant du peuple ; il s'adresse à moi, troisième : j'accepte. Je plaide deux procès de presse : l'un à Bar, l'autre à Saint-Mihiel. Je suis entouré de la fraternelle sympathie de nos amis politiques du pays ; je viens passer, à Pâques, quelques jours chez mon client de Bar, rédacteur du *Patriote*, tombé lui aussi sous une intrigue qu'on saura bien un jour. Je me tiens dans une réserve qui pourtant n'écarte pas de moi la main de la police ; et savez-vous comment M. Dupont appelle cela ? *se ménager auprès des patriotes de la Meuse*. Je connais peu ce pays, beaucoup moins que celui qui vous souffle, et pour de bonnes raisons ; mais j'honore le caractère des hommes que j'ai eu le plaisir d'y rencontrer, et je suis sûr que j'ai laissé dans leur souvenir une autre impression que celle qui s'est formée dans votre esprit. Pourriez-vous me dire la différence qu'il y a entre ce mode de procéder et celui de cette jalouse et implacable loi des Égyptiens qui frappait de mort tout étranger dont le pied touchait la terre de leur patrie ?

Rassurez bien les esprits et les espérances auxquelles j'ai fait ombrage ; je leur demande pardon de mon imprudence ; je demande pardon à mes clients d'être allé les défendre, et aux Meusiens que j'ai connus et que j'ai estimés d'avoir fait naître dans la pensée, dans les prévisions de quelques esprits *timides*, des terreurs, des appréhensions dont je ne suis pas coupable. Puissent ces lignes les consoler et leur rendre courage ! Puissent-ils aussi témoigner leur reconnaissance à M. Dupont qui les a avertis d'un si vrai péril, d'une aussi audacieuse usurpation !

Quelle pitié !

Quittons ce thème grotesque, monsieur, et terminons. Vous semblez désirer me connaître, car vous vous plaignez que je sois un *inconnu de la veille*, et vous avez raison. Il n'est pas donné à tous d'être célèbres, et ceux qui le sont devraient avoir compassion des pauvres qui n'ont pas le bonheur de l'être ; vous êtes intraitable. Faisons donc connaissance, ce ne sera pas long ; les fils de prolétaires ont bientôt raconté leur vie, et je n'ai que trente ans.

Donc, retenez en compagnie de votre inspirateur, de MM. Saint-Romme, Joly, Brives et autres, retenez cette adresse :

à la Guillotière, 16, rue de Vendôme (Rhône), vous trouverez un artisan laborieux et modeste, vieux soldat mutilé à Waterloo par une horrible blessure, frappé ensuite par la cour prévôtale de Lyon, après 1815, à cause de son amour pour les rois et les jésuites, sans doute. Cet artisan, qui travaille encore, il s'appelle comme moi, et c'est mon père. Puis, vous irez au conseil municipal de la Guillotière, et parmi les 33 derniers socialistes élus, parce qu'ils sont aussi jésuites, j'imagine, vous en trouverez qui m'ont fait jouer sur leurs genoux quand j'étais enfant, et qui m'ont vu devenir homme. Vous leur demanderez si ce que je vais vous dire est exact, et si, comme moi, ils n'ont pas une pitié profonde pour les biographes fantaisistes dont j'ai déjà parlé, et dont il me répugne d'appeler si souvent les noms sous ma plume.

Je suis né aux Brotteaux (Guillotière) le 1er décembre 1820, de père et de mère prolétaires. En juillet 1830, je conduisais, à 9 ans et demi, comme tambour, les patriotes des Brotteaux à l'Hôtel-de-Ville, où s'agitait dans ses ardeurs la question révolutionnaire. A la formation de la garde nationale, je fus conservé comme tambour par M. Louvier, teinturier aux Brotteaux, officier décoré de l'empire et capitaine d'une compagnie de voltigeurs. Dès lors je devins l'objet de la sollicitude de celui-ci, et, grâce à son intervention et à celle d'autres officiers influents, j'entrai comme tambour au collége de Lyon, en décembre 1830 : j'y gagnai ma pension, par mon service, jusqu'en 1841. J'avais compris de bonne heure que je n'avais à compter que sur mon énergie et mon travail;

mes études furent donc fortes et heureuses : j'avais appris là ce que sait bien le prolétaire, c'est qu'il faut dominer le travail au début de la vie, si l'on ne veut plus tard être vaincu et abandonné par lui. Je sortis du collége en août 1841 : je n'avais nulle ressource que celle qui résulte d'une solide instruction. Je voulais me créer une position indépendante, j'étais entraîné vers la carrière du barreau ; et, joignant l'audace à la volonté, je partis pour Grenoble faire mon droit, riche de 30 francs, seule avance que pût me faire, non pas mon père, mais un de mes oncles, et de quelques recommandations. J'entrai en arrivant, comme clerc, chez un avoué d'appel, où je travaillai depuis huit heures du matin jusqu'à 5 heures (les heures de cours exceptées) pour un salaire mensuel de 30 francs.

Ce fut là mon unique ressource durant ma première année. La seconde année, mon professeur de droit civil, M. Frédéric Taulier, ex-maire révoqué de Grenoble, me désigna à son frère, chef d'institution de plein exercice, à la porte de la ville, et j'entrai dans cette maison comme professeur de philosophie et d'histoire. Ma position était désormais largement assise. La préoccupation du pain quotidien était résolue, et le souci des besoins de la famille, de l'éducation d'un frère et d'une jeune sœur, écarté. Je pouvais satisfaire à toutes les obligations qui se proposent au cœur de l'homme livré de bonne heure aux dures épreuves de la misère et du travail. Je gagnais alors de 2,000 à 2,400 francs. J'étais libre, j'étais affranchi. Ainsi s'écoulèrent mes trois dernières années. Je fus reçu avocat à Grenoble, en mars 1845, et débutai assez heureusement au barreau. Poussé instinctivement vers Paris, je me réservai quelques économies, et j'y arrivai le 25 août, pour m'y fixer : je fus inscrit au stage au mois de novembre suivant.

J'avais laissé à Grenoble de bons souvenirs, et M. Saint-Romme peut y contrôler les odieuses calomnies dont il est l'auteur, selon M. Brives, lui qui me fait vivre à Grenoble de l'assistance, de l'appui, du travail des jésuites, en s'informant auprès de notre collègue Raymond, alors secrétaire de l'ordre des avocats de Grenoble, qui me donnait à mon départ une lettre de recommandation pour son ami politique, Jules Favre.

Du mois d'août 1845 au mois de septembre 1848, je n'ai pas quitté Paris, et, à l'époque où l'on me fait lutter à Grenoble contre les banquets réformistes et attaquer un toast de M. Mathieu (de la Drôme), je plaidais (voir *le Droit* du 6 au 15 octobre 1847) ma première affaire politique, en défendant, dans le procès des bombes, un socialiste, Vitou père, qui, plusieurs fois depuis, a fait appel à mon concours.

Dès mon arrivée à Paris, je m'y suis livré au travail le plus opiniâtre. Occupé par des avocats et des avoués, plaidant pour eux assez souvent, donnant quelques leçons de droit, je gagnai 1,500 francs la première année, 3,000 francs la seconde, et, à l'époque de la révolution de février, j'avais commencé mon année sous des auspices qui élargissaient bien plus encore mes espérances.

J'avais grandi socialiste, j'avais vu chez mon père le travai le plus assidu et la misère; j'avais vu ailleurs l'oisiveté et le bien-être. Mon esprit avait conclu à l'injustice, et l'âge n'avait fait que développer par la comparaison, l'étude, l'expérience, ces données du bon sens et du droit.

Avant février, je n'étais rien. Quand la révolution, à laquelle je pris ma part, m'eut convié à l'exercice des droits de citoyen, j'entrai dans la lutte avec l'ardeur de mes convictions, le désintéressement le plus entier de la position que j'avais alors, et la pensée bien arrêtée de démasquer et de renverser tous les usurpateurs de la souveraineté populaire. La religion politique nouvelle, c'était le socialisme, c'était la *réforme* du peuple. La bourgeoisie posait sa *réforme*, à elle; c'était la république *formaliste*, celle qui a commencé au gouvernement provisoire, qui s'est développée sous la commission exécutive, et sous la dictature de M. Cavaignac, *réforme* qui consiste dans l'investiture du pouvoir, du gouvernement et des faveurs qui s'y rattachent. Voilà l'antagonisme révélé par le cri sauvage du 16 avril, par le 15 mai et les journées de juin. J'étais pour la *réforme* du peuple contre la *réforme* de la bourgeoisie; je fis un pamphlet à l'époque où je craignais de voir s'endormir la vigilance populaire. Ce pamphlet, c'est *le Père Duchêne*; il était de son temps et n'avait rien retenu de la vieille tradition. Il était de son temps, car il s'est tiré jusqu'à 75,000 exemplaires. Royalistes ralliés, jésuites coiffés du bonnet rouge par la peur, républicains formalistes, impuissants et dangereux; tous ceux enfin qui devaient faire les majorités : 1° contre Louis Blanc, Caussidière,

Barbès ; 2° pour l'état de siége, pour la transportation sans jugement, pour toutes ces mesures haineuses et barbares qui furent pratiquées par les héritiers du pouvoir vaincu ; tous ces éléments, je les signalais à l'opinion, et j'appelais le peuple à la vigilance, au calme, à la réserve. Je lui faisais connaître ses ennemis, je lui devinais l'avenir et je le mettais en garde contre les provocations !

Il n'a pas tenu à moi que juin n'ait été conjuré : dans les clubs et dans mon journal, je signalais chaque jour la tendance à susciter une émeute pour autoriser la compression et ramener au pouvoir la réaction. — Oui, *le Père Duchêne* pressentait ces malheurs, et il écrivait ceci dans le numéro du 16 juin :

« Nous sommes arrivés à ce point, qu'un coup de fusil tiré « dans la rue, maintenant, nous ferait perdre tous les fruits « de notre dernière victoire. Ne jouons pas la république à « pile ou face, pas de précipitation : du calme, de l'ordre, de « l'énergie passive ! »

Dans le numéro du 20 juin, je rendais compte d'un discours de Pierre Leroux à l'Assemblée : or, voici ce que je disais : « N'est-ce donc que des lèvres et avec une odieuse « hypocrisie que vous parlez de liberté, d'égalité, de fra- « ternité ? Et parce que je cherche, avec tous les nobles « cœurs qui se sont émus des souffrances de l'immense ma- « jorité des citoyens français, les moyens d'assurer à ceux- « ci quelque bonheur par le travail, quelque remède contre « le désespoir et la misère, sans toucher cependant à votre

« bien-être, à ce que vous possédez, vous me maudissez
« comme un mendiant et un anarchiste ! *Le Père Duchêne* se
« soucie peu de vos colères, de vos menaces. Il accomplit
« son œuvre ; il veut créer à tous une propriété ; il veut abo-
« lir le prolétariat, cette dernière transfiguration de l'escla-
« vage. Il veut relever cette caste de l'humanité, où gît, sa-
« chez-le bien, tout l'espoir, toute la grandeur de l'avenir.

« Vous serez socialistes, citoyens représentants, si vous avez
« compris votre époque et les circonstances dans lesquelles vous
« vous trouvez ; et il faudra bien, en dépit du citoyen Goud-
« chaux et de ses amis, la dynastie du *National*, que vous ac-
« ceptiez cette vérité impérieuse : l'ordre, la propriété, la
« société, sont impossibles si ce n'est par le règne de l'*asso-
« ciation*, de l'association où le travail ne soit plus, comme le
« voudrait le banquier Goudchaux, le subordonné du ca-
« pital, mais bien au contraire et tout au moins son égal,
« puisque seul il le féconde, puisque seul il lui imprime le
« caractère de la puissance, de la création ! »

Telle fut la pensée qui inspira et créa *le Père Duchêne*. J'ai
été l'ennemi de cette vieille race bourgeoise, inintelligente,
égoïste et corrompue, qui a arrêté pour la dévorer la révolution de 89 ; je l'ai combattue, je l'ai démasquée, et les calomnies que j'ai recueillies de sa haine, soit au sein de l'Assemblée, soit ailleurs, n'ont rien qui m'étonne. J'en ai bien
retrouvé, de ces hommes qui étaient mes ennemis et pour
lesquels ma présence à l'Assemblée, moi, le journaliste ardent du prolétariat socialiste, aux premiers jours de février,

et le transporté sans jugement, était une colère, une rancune, un regret, un remords !

Le Père Duchêne fut suspendu par M. Cavaignac, dont, le 23 juin au matin, avant toute action, on me prédisait, on m'annonçait la dictature. — Ce détail reviendra plus net, plus complet, dans une autre publication. — J'épiai dans cette première nuit du vendredi les nouvelles de cette lutte dont l'origine était l'inconnu, parce que je refusais de croire à mes pressentiments, à cette croyance, que l'histoire constaterait la triple main des royalistes, des jésuites, des bonapartistes, dans l'initiative, dans l'occasion déterminante de cet atroce combat, où tant de fiers républicains socialistes furent entraînés et immolés. Pour moi, retenu, surveillé par ma compagnie, dans les rangs de laquelle, dès le samedi matin, je fus contraint de rester, menacé par les royalistes qui s'y trouvaient et qui attisaient lâchement contre moi les fureurs, ailleurs si faciles, je n'y ai pris aucune part ; j'ai subi, sur la place de l'École, la force, la violence ; voilà la vérité, vérité dont l'expression n'a jamais varié, qui sortait de mes lèvres quand, sur les pontons, chacun faisait son examen de conscience, quand par vanité j'aurais pu me taire et laisser croire à des actions dont tant d'autres n'étaient pas avares, et que j'ai affirmée toutes les fois que j'ai eu à protester contre l'odieux attentat de la transportation, à demander, comme je le fis en mai 1849, au conseil de guerre, au nom du droit et de la loi, ma liberté ou des juges !

L'hypocrisie présida, autant que la fureur et la violence, à cette cruelle vengeance de juin. — Pour l'immense majorité, le décret du 27 juin lui-même fut violé, puisqu'il ne devait atteindre que ceux qui étaient alors arrêtés. Mais cela restreignait les colères et les rancunes dans leur œuvre d'immolation, et ceux que les délations atteignirent postérieurement furent incarcérés et transportés : heureux, privilégiés, ceux qui passèrent au conseil de guerre !

Je fus arrêté le 21 juillet. Mon grand crime, c'était *le Père Duchêne*, et, si je fus transporté le 1er septembre, il est incontestable que la décision qui affirma d'autres motifs ne formula qu'un mensonge, car elle n'eut pas la pudeur d'avouer que je n'étais coupable que d'une ardente et impitoyable propagande. Cela devait être révélé pour répondre à je ne sais quelles obscures et pauvres calomnies, qui, mises en demeure de se produire devant l'enquête du 10 juillet, se refusèrent à subir cette épreuve. Je le pardonne aux renards ! leur obstiné silence, alors qu'il fallait parler, m'est une réparation suffisante.

Donc, je fus transporté le 1er septembre 1848, et jeté sur le ponton *l'Uranie*, dans la rade de Brest. Là, je songeai à relever, par la propagande, par la discussion raisonnable, paisible, le moral d'hommes incultes et que l'ennui, la douleur, les chagrins de la famille absente et affamée, pouvaient affaisser et tuer. Occuper l'esprit, développer par l'instruction la foi en l'avenir, l'espoir en la justice, la confiance dans le droit, l'aspiration à la connaissance et à l'accomplissement du devoir : tel était le moyen de lutter contre les atroces souffrances que je raconterai plus tard à la glorification de M. Cavaignac et des formalistes ses amis. Trois fois par semaine, je descendais dans la cale du ponton, où je développais dans des cours quelques-uns des aphorismes de la république démocratique et sociale, et j'atteste ici le souvenir de tous mes camarades d'infortune et de captivité !

Le 19 février 1849, je fus, au nombre des *incorrigibles*, transporté de la rade de Brest à Belle-Isle. Là, je m'occupai de régulariser, c'était plus possible, l'enseignement. Je fis de l'instruction primaire, comme base à l'instruction politique; et avec les amis qui avaient reconnu cette nécessité, et du consentement de l'autorité, nous organisâmes un enseignement complet, où, suivant son aptitude, chacun apporta son concours.

Le 12 avril, je pars pour Paris, sur un mandat du conseil de guerre, afin d'être entendu comme témoin. J'étais accompagné de M. P. Christian, alors fervent *démagogue*, pour emprunter son langage, et ne se faisant pas scrupule de puiser dans la bourse de celui qu'il a eu l'impudeur d'insulter plus tard. Il n'avait pas encore édité, dans *le Moniteur du soir* ses *courageux exemples*. Nous vînmes à Paris, entre les gendarmes, menottes aux poignets et en dix-huit jours de marche et de souffrances. Après le conseil de guerre, nous fûmes transférés à Sainte-Pélagie, où se trouvait un certain nombre de condamnés à la transportation, qui n'avaient point encore été exécutés. Après le 13 juin, M. Dufaure se souvint de nous, et tout ce qui restait de transportable fut expédié sur Belle-Isle, le 24 juillet, dans la soirée. Je revis Belle-Isle le 29; j'y repris mes habitudes : je fis un cours de droit pratique qui, appliqué à l'histoire, comportait les développements politiques que j'appelais comme conclusion nécessaire et utile de cet enseignement.

Dans ces circonstances, survinrent les événements politiques du 31 octobre 1849 et le décret du 12 novembre qui mettait en liberté sept cents détenus de Belle-Isle; je fus compris dans cette catégorie. Je rentrai à Paris le 4 décembre. J'avais accepté la mission de protester au nom de mes camarades délivrés, et de ceux que je ne sais quelle odieuse injure tentait de flétrir à Belle-Isle de la qualification de *repris de justice!* Je protestai, dans une note énergique insérée dans *la Réforme,* le 15 décembre, et le 21 j'étais arrêté de nouveau, jeté parmi les détenus ordinaires à Sainte-Pélagie, et mis en liberté le 5 février 1850, après six semaines de prévention.

Je rentrai alors dans la vie active, retrempé sans cesse par tant de stupides persécutions, et bien décidé à combattre tous les besoigneux de pouvoir, de gouvernement, quelle que soit la couleur de leur cocarde. Le meilleur, le seul moyen d'abolir le mal, c'est de briser l'instrument qui l'accomplit, le réalise. J'écrivis dans *la Voix du peuple;* je fus deux fois nommé à l'unanimité délégué du peuple au comité socialiste par le quatrième arrondissement, désigné comme rapporteur, à la salle Martel, du choix des candidats pour l'élection du 10 mars, et surpris, le 21 avril, par la nouvelle que le comité électoral de Saône-et-Loire m'avait choisi en remplacement du candidat Buvignier, condamné dans l'affaire de la solidarité républicaine, et de préférence à M. Vignerte, ex-constituant, proposé par M. Joly et autres membres de la Montagne. Le reste est au *Moniteur*.

La voilà rapidement esquissée cette vie que la calomnie a cherché à souiller dès l'enfance! Voilà ma réponse : et je porte solennellement le défi, à qui que ce soit, de prouver que ce ne soit pas la vérité. — J'ai passé sur les détails de ma vie plus intime; je laisse à mes amis le souvenir de ce qu'ils peuvent en savoir : en cela j'ai le témoignage de mon cœur pour satisfaction, l'opinion publique doit respecter cette discrétion nécessaire.

Voilà, monsieur Dupont, quelques notes dont vous et vos amis, MM. Saint-Romme, Joly, Brives, Ducoux, Testelin et autres, ferez votre profit.

Je me résume, et j'affirme que ce qui précède est l'expression de la vérité : que le 6 juin j'ai subi le concours de circonstances fatales, qu'à l'égard de cette journée ma parole n'a été ni légère ni coupable, et que je la couvre par ma conscience et le respect de ma personnalité. — J'affirme que j'ai été l'objet d'une odieuse intrigue, ourdie, mes amis s'en souviennent, ourdie dans l'ombre depuis mon avénement à l'Assemblée nationale; — que mon élection, dans les circonstances où elle a eu lieu, a suscité des hostilités que je ne veux ni examiner, ni discuter, mais que je constate; que, ex-rédacteur d'un journal à l'allure révolutionnaire des plus ardentes, des plus sympathiques au peuple, et partant des

plus détestables au pouvoir, à ses courtisans, aux fonction-
naires de la commission exécutive et de la dictature de juin,
jusqu'au 10 décembre, je suis arrivé portant ma tradition au
milieu d'hommes qui s'attachaient à la leur, et que le transporté sans jugement, infligé par le peuple aux organisateurs
de l'état de siége et de la transportation, fit naître bien des
colères qui, dissimulant leur action, ont cru qu'elles auraient
raison, par la calomnie et l'intolérance, de mon importune
individualité.

J'affirme que l'un de mes plus grands torts vis-à-vis bien
des hommes (et ceci est plus sérieux qu'on ne pense), c'est de
n'avoir que trente ans, d'être hostile à toutes les coteries, de
n'être pas un adorateur des chevrons qui ne constatent que
l'âge, pas plus que je ne suis l'ami des généraux d'anticham-
bre; de suivre enfin un ordre d'idées peu sympathique aux
hommes si nombreux encore qui ne voient à travers la République et la Révolution qu'une curée à ouvrir, un gâteau
à partager. Je suis l'ennemi de ceux-là, parce que je hais la
tyrannie et les tyrans, que je suis pour la liberté, et qu'il est
temps enfin que le peuple ne fasse plus pour quelques intrigants, mais pour lui, des révolutions jusqu'ici infécondes
et stériles.

Cela me suffit. — J'ai la conviction que je suis dans le vrai,
et, simple soldat de la démocratie, aussi bien que représentant du peuple, j'ai toujours été fidèle à ce principe. A lui
mes efforts, à lui mon concours ardent. — Guerre aux intrigants de toutes les couleurs, guerre aux *pasteurs des*

peuples, guerre à tout ce qui n'est pas la liberté, à tout ce qui n'est pas, en fait comme en droit, la souveraineté du peuple!

La souveraineté du peuple, dogme nouveau de la société nouvelle, dans le culte duquel je vois l'humanité se saisir enfin de ses destinées, et effacer sous la main de la liberté l'arbitraire qui se résume aujourd'hui dans sa plus multiple et sa plus laborieuse expression;

La souveraineté du peuple, qui ne sera pas tant que la masse des prolétaires en sera à soulever cette lourde chaîne de l'ignorance et de tous les vices qu'elle fait germer au cœur de celui qui la porte et la maudit; la souveraineté du peuple, droit imprescriptible, que nul n'a le droit de proclamer, parce que nul ne l'a créée et que nul ne peut la détruire, sera confisquée par l'intrigue, la passion, la surprise, la tyrannie des habiles et des partis, tant que l'individu ne sera pas libre, tant qu'il ne se saura pas lui-même, tant qu'il ne saura ni ses devoirs, ni ses droits, tant qu'il subira cette subordination qui résulte de l'inégalité sociale des conditions, tant qu'il relèvera de son semblable sans que son semblable relève réciproquement de lui, ce qui se traduit encore ainsi : tant que le travail ne tuera pas nécessairement la misère, mais la fera naître fatalement, comme cela résulte de l'organisation économique qui nous régit.

C'est l'avenir, l'avenir invincible, parce que c'est le bien, et que le mal n'est pas la loi du monde. C'est l'avenir, car dans cet asile se réfugient l'esprit et le cœur dégoûtés du présent, mais persévérants dans leurs efforts vers l'accomplissement de la tâche fatale qui incombe à chaque génération. — C'est de là que j'ai dédaigné toutes les intrigues qui se sont tordues d'impuissance et de rage sous la main de l'examen et de la vérité, et que je me suis consolé des injustices et des outrages en évoquant quelques démocratiques pensées, quelques bons desseins à réaliser, quelques travaux utiles à accomplir. — Ce sera ma vengeance! A bientôt.

COLFAVRU,

Représentant du peuple.

14 août 1851.

Paris. — Imprimerie GERDÈS, rue St-Germain-des-Prés, 14.